はじめてのゆびあみ **&** リリアンあみ

たのしいゆびあみ

著 寺西 恵里子

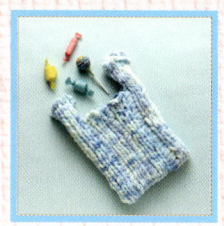

CONTENTS

はじめに

編むのが楽しいゆびあみ
どんどん編みたくなりますね。

編んだものに少し手を加えるだけで
いろいろなグッズが作れるのが
ゆびあみの魅力です。

ゆびあみに慣れてきたら、
次は何を作るか決めて
編んでみましょう！

そして、毛糸選びも楽しいのがゆびあみです。
糸が違うだけで、できあがりが
ぐっと違ってきます。

できたら、身につけたり、飾ったり！
使う喜びを味わってくださいね。
家族やお友達にプレゼントしても！

教室で編むのもいいですね！
教えあったりして、
みんなで一緒に編みましょう！

できたものを教室や図書館に飾って
ゆびあみの楽しさを
広めていってください！

いっしょに
作ろう！

小さな毛糸に
大きな願いをこめて……

寺西恵里子

ゆびあみとは…

編み棒や、編み針を使わないで、
指で毛糸を編む方法です。

初心者でも、簡単に始められる編み物で、
毛糸さえあればできるのがいいですね！

基本的な編み方は...

指に糸をかける　　　糸を渡す　　　下の糸をくぐらせる　　　繰り返し編む

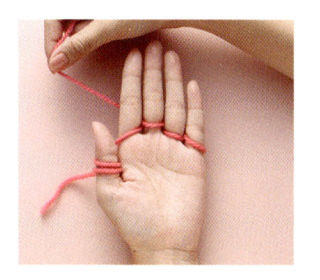   

編み方を変えたり、つないだり……

２本あみ　　　平あみ　　　くさりあみ　　　つなぐ

編み方を工夫していろいろなものが作れます！

つなげてマフラー

ゆびあみを縫い合わせてつなげましょう！
4本つなげると、太めのマフラーができあがります！

穴にマフラーの端を、
通して使います。

材料

・並太毛糸
（ピンク）……………………50g

実物大

★ おやすみカード

おやすみしたい時に
使いましょう！

※編み始めると、編んだものが指についたままになります。編む前に作りましょう。

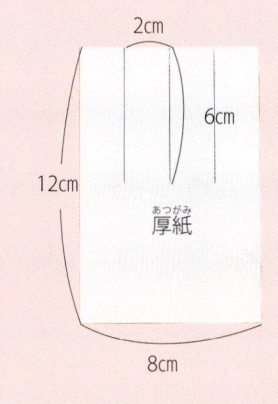
厚紙
2cm
6cm
12cm
8cm

① ひとさし指から毛糸を外し、カードに糸を移します。

② 小指まで移せました。

★ 糸端の出し方

糸がころがらないように
内側から出しましょう！

① 毛糸玉の中に指を入れ、中心をつかみます。

② 中心のかたまりを引っ張り出します。

③ かたまりの中から糸端を探します。

1 糸を指にかけます。

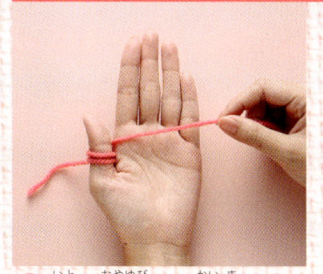
① 糸を親指に2回巻きます。

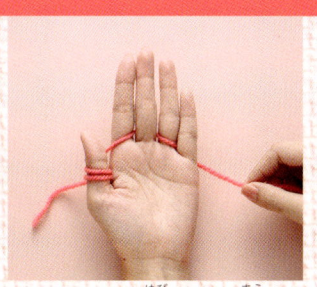
② ひとさし指から、前、後ろ、前、後ろの順に糸をかけます。

③ 小指から、前、後ろ、前、後ろの順に糸をかけて戻ります。

④ 糸を前に持っていきます。

2 編みます。

❶ ひとさし指にかかっている糸を持ちます。

❷ ひとさし指を曲げて、持っている糸をくぐらせます。

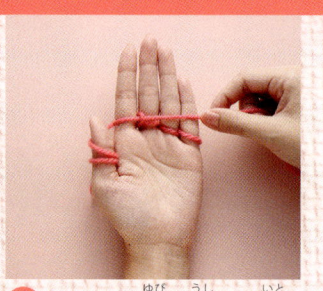

❸ ひとさし指の後ろに糸を持っていき、編んでいる糸を引っ張ります。

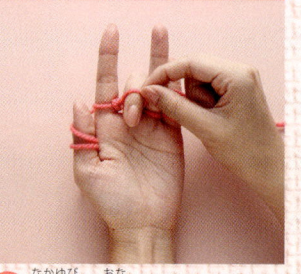

❹ 中指も同じようにかかっている糸を後ろに持っていきます。

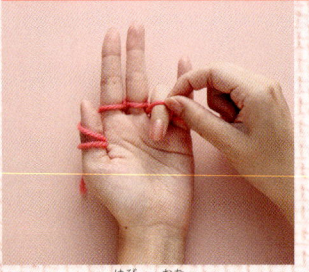

❺ くすり指も同じようにかかっている糸を後ろに持っていきます。

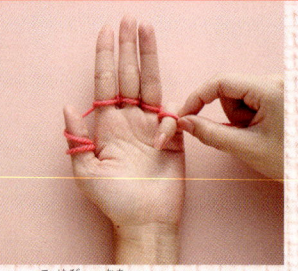

❻ 小指も同じようにかかっている糸を後ろに持っていきます。

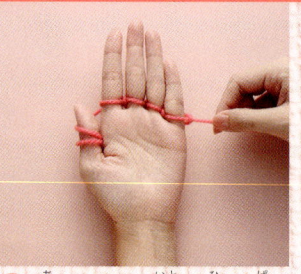

❼ 編んでいる糸を引っ張り、1段編めました。

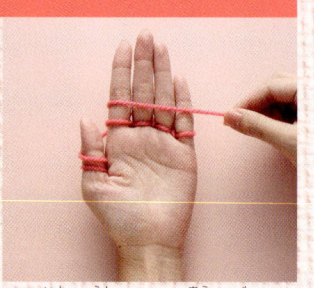

❽ 糸を後ろから前に持ってきます。

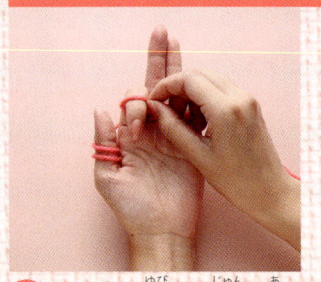

❾ ひとさし指から順に編みます。

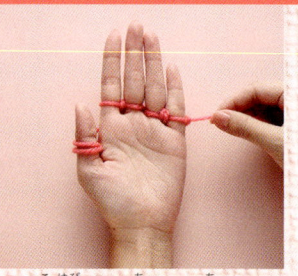

❿ 小指まで編み、編んでいる糸を引っ張ります。

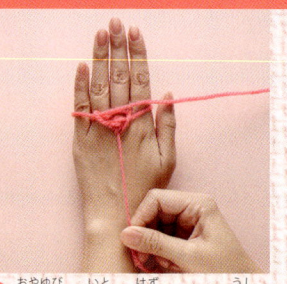

⓫ 親指の糸を外して、後ろの糸を引っ張ります。

⓬ 1段編むごとに糸を引っ張りながら、同じように繰り返し編みます。

おやすみ中…

80cmになるまで編みます。

繰り返し
編んでいくよ！

★ 糸のつなぎ方

別の糸を
つなぎましょう！

1 小指まで編みます。

2 糸端と別の糸を2回結びます。

3 編み進め、つなぎ目は指で中に入れて目立たなくします。

3 端の始末をします。

1 編み終わったら、糸を25cm残して切ります。

2 糸を後ろから回し、ひとさし指にかかっている糸に下から通します。

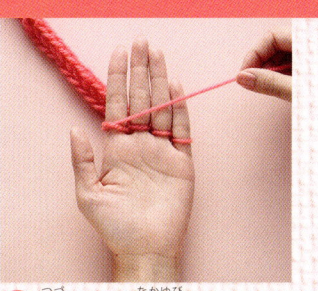

3 続けて、中指、くすり指、小指の順に、糸を通し引っ張ります。

4 小指まで通して引っ張ります。

5 指から糸を外します。

6 糸を引っ張ります。

4 糸端の始末をします。

1 糸端にセロハンテープを巻きます。

2 糸の出ている脇にさします。

3 4〜5cm先に出します。

4 出ている糸を切ります。

5 糸端が始末できました。

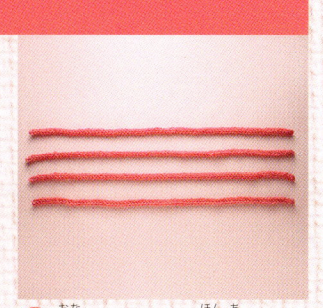

6 同じように4本編み、糸端を始末します。

5 縫い合わせます。

☐の部分を縫います。

① 別糸に、セロハンテープを細長く巻きます。

② 編んだ1本の編み目に通します。

③ 結びます。

④ もう1本合わせて、斜めに目をすくいます。

⑤ 糸を引き、次の目を斜めにすくいます。

⑥ 繰り返し、かがります。

⑦ 裏面です。

⑧ 端までかがります。

⑨ 糸が出ているところに、もう1度後ろから糸を通します。

⑩ できた輪に糸を通します。

⑪ 糸を引っ張ります。

⑫ 2本ずつ縫い合わせました。

⑬ ⑫を縫い合わせます。途中10cmは縫わず、穴を作ります。

⑭ 糸端の始末をします。

できあがり‼

10

ゆびあみの長さを変えて、
好きな長さのマフラーを作ってみましょう。
フリンジを付けるとまた違う雰囲気に！
※作り方：P.35

外側から巻いていくことで、好きな形を作れます！

ゆびあみより細い2本あみに挑戦してみましょう！
フェルトに貼るだけのねこのコースターを作ります！

2本あみ コースターの作り方

材料

- 並太毛糸
  （黄色） ……………………… 7g
- フェルト
  （オレンジ） ………… 13cm×13cm

実物大

1 糸を指にかけます。

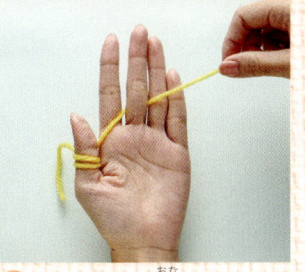

① ゆびあみと同じように中指まで糸をかけます。

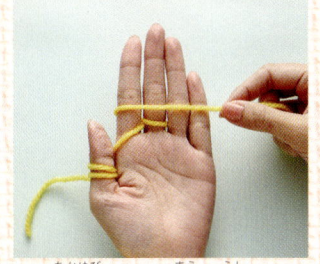

② 中指から、前、後ろの順に糸をかけ、糸を前に持ってきます。

2 編みます。

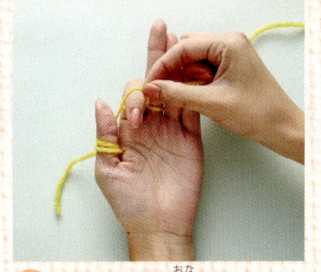

① ゆびあみと同じように、ひとさし指、中指の順に編みます。

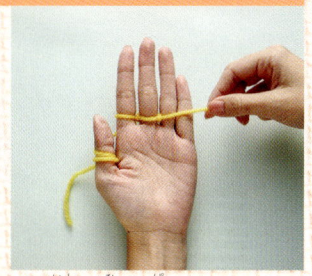

② 糸を引っ張ります。1段編めました。

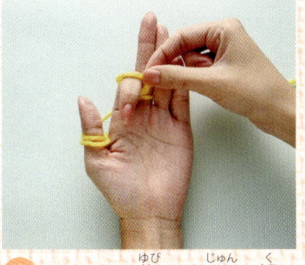

③ ひとさし指から順に繰り返し編みます。

④ 途中で親指の糸を外し、時々後ろの糸を引っ張ります。

3 端と糸端の始末をします。

① 50cm編めたら、糸を25cm残して切ります。

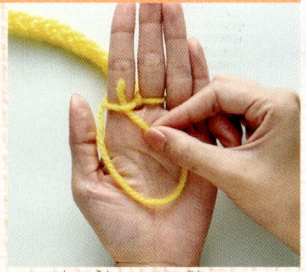

② 糸を後ろから回し、ひとさし指にかかっている糸に下から通します。

③ 続けて、中指に糸を通し引っ張ります。

④ 指から糸を外します。

⑤ 糸を引っ張ります。

⑥ 糸端の始末をします。

13

4 フェルトに貼ります。

1 フェルトをねこの顔の形に切ります。
（型紙：P.39）

2 耳の外側に、厚紙などでボンドを塗り伸ばします。

外側から
ぐるぐる
貼っていくよ！

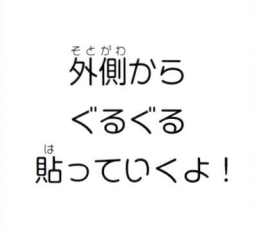

3 編んだものの端から貼ります。

4 ボンドを塗り足しながらぐるぐる貼ります。

5 編んだものの長さを調整します。

足りない場合

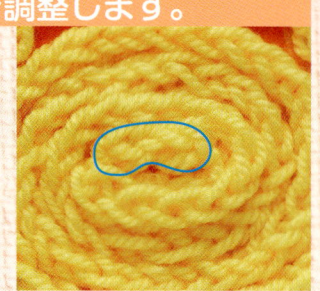

1 足りない分を編み、続きから貼ります。

はみ出る場合

1 ボンドは貼らずにフェルトに置き、必要な長さを確かめます。

2 必要な長さより少し上で毛糸を切ります。

3 編み地が崩れないように優しくほどきます。

できあがり‼

4 2本に別れるまでほどきます。

5 隣の輪に糸端を通します。

6 糸端を引っ張ります。糸端を始末し、フェルトに貼ります。

桜の花びらの形のコースター。
5枚合わせて、花の形にしてもいいですね！
※型紙：P.39

平あみヘアバンド

編む順番を変えるだけでできる平あみ！
簡単にできるヘアバンドから作ってみましょう！

結び目の位置を調整して、
自分に合う大きさにしましょう。

**平あみ
ヘアバンドの
作り方**

材料

・並太毛糸
（マーブル） ・・・・・・・・・・・・・・・ 7g

実物大

1 1段目を編みます。

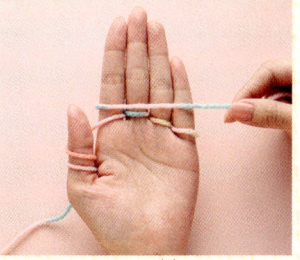

❶ ゆびあみと同じように
糸をかけ、糸を前に持
ってきます。(P.7参照)

❷ ひとさし指から順に、
中指、くすり指と編み
ます。

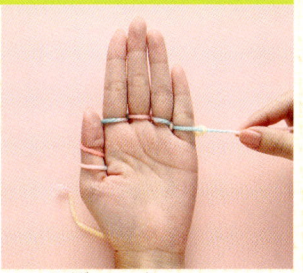

❸ 小指まで編みます。

> 平あみは、左右に
> 行ったり来たり
> 編んでいくよ！

2 2段目を編みます。

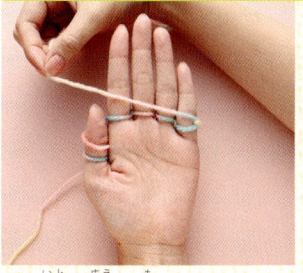

❶ 糸を前に持ってきま
す。

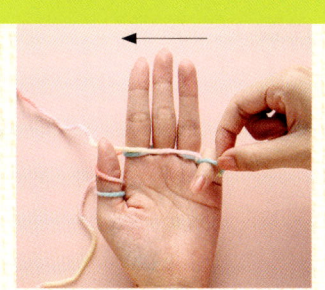

❷ 小指から順に、くすり
指、中指と編みます。

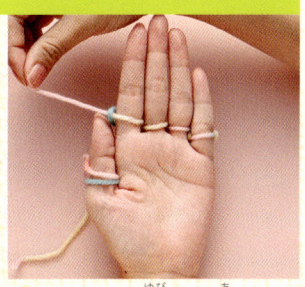

❸ ひとさし指まで編みま
す。

3 繰り返し編みます。

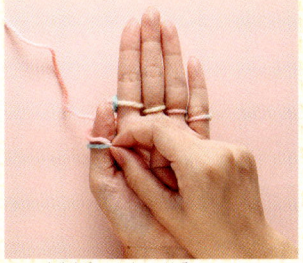

❶ 親指の糸を外します。

❷ 繰り返し編みます。

❸ 時々、後ろの編み地を
引っ張ります。

❹ 50cm編みます。

1 糸を25cm残して切ります。

2 最後に編んだ指にかかっている糸に、下から糸を通します。

3 続けて、他の指にも糸を通し引っ張ります。

4 指から糸を外します。

5 裏返して、近くの編み目に糸を通します。

6 できた輪に糸を通します。

7 糸を引っ張ります。

8 両端とも、糸始末をします。

平あみで
編んだものには
表と裏があるよ！

[表]

[裏]

1 端と端を結びます。

2 もう1度結びます。

3 編み地を整えます。

できあがり!!

平あみを長く編んでマフラーに！
違う毛糸を2本合わせて編むとまた違った
表情が楽しめます。

19

平あみつなげてバッグ

平あみをつなげて、バッグを作りましょう！
縫い合わせる位置だけ注意すれば、ゆびあみと同じ要領です！

太めの糸で編むと、しっかり
したバッグに仕上がります。

平あみ つなげてバッグの作り方

材料

・超極太毛糸
（ブルー）……………………60g

実物大

1 編みます。

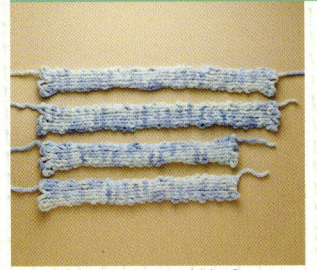

① 平あみ（P.17参照）で50cmと34cmを2本ずつ編みます。

② ★以外の糸端を始末します。

2 縫います。

端から1つ内側にある□の部分を縫い合わせます。

① セロハンテープを巻いた別糸を、短く編んだものの端に結びます。

② もう1本短く編んだものを合わせて、斜めに目をすくいます。

③ 繰り返しかがります。

④ 裏面です。

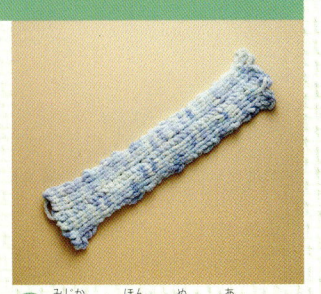

⑤ 短い2本を縫い合わせました。

⑥ ⑤と真ん中を揃えて、別糸で長い2本も縫い合わせます。

⑦ 二つに折り、別糸で横を縫い合わせます。

⑧ 持ち手の部分を1-②で残しておいた糸で縫い合わせます。

できあがり!!

くさりあみシュシュ

くさりあみで、可愛いシュシュを作ります！
たくさん作ってプレゼントしてもいいですね！

ループをたくさん入れると、華やかになります。

材 料

・並太毛糸
　（黄色・白）……………各5g
・リングゴム
　……………………………1つ

実物大

1 結び目をゴムに通します。

① 毛糸を2本合わせて、片結びをします。

② ゴムに通します。

2 編みます。

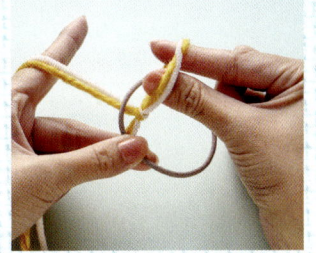

① 輪の後ろから、親指とひとさし指を入れます。

② 毛糸をつまみます。

③ つまんだものを輪から引き出します。1目編めました。

④ ①～③を5回繰り返し、5目編みます。

⑤ 輪に指を入れ、ゴムの中から毛糸をつまみます。

⑥ 毛糸を引き出します。ループが1つできました。

⑦ ④～⑥をゴムが見えなくなるまで（約20ループ）繰り返します。

3 糸端の始末をします。

① 毛糸を切り、最後の輪を引っ張って、糸端を抜きます。

② 糸端を2回結び、糸始末をします。

できあがり!!

23

同じ長さの平あみをつなげてサコッシュに。
縫い合わせの糸を変えてもいいですね！
※作り方：P.35

糸端を、ちょうちょ結びにしてみましょう！
毛糸の組み合わせを選ぶのも楽しんで！

いろいろ作（つく）ってみよう！
つけえり

首（くび）に巻（ま）き、前（まえ）でちょうちょ結（むす）びをして使（つか）います。

縫（ぬ）い合（あ）わせの糸（いと）を、リボンにしてみましょう！
チラッと見（み）えるリボンがかわいいつけえりです！

材料

- ファーの毛糸
  （白）……………40g
- リボン（幅7mm）
  （マーブル）…………4m

実物大

1 編みます。

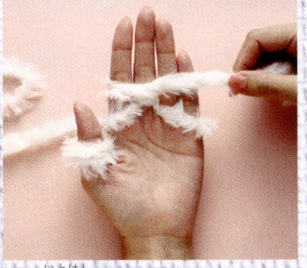

❶ 糸端を50cmくらいとり、ゆびあみを始めます。

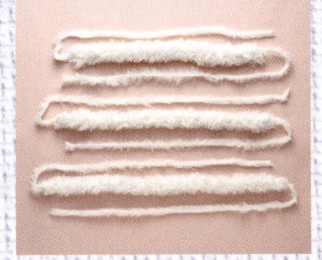

❷ それぞれ、35cm、40cm、45cm編みます。

2 縫い合わせます。

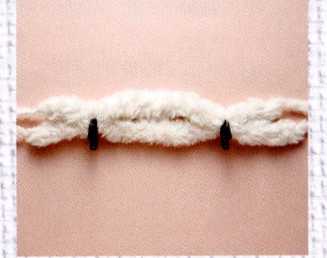

❶ 35cmと40cmのものを、中心を揃えて、洗たくバサミでとめます。

❷ リボンを2mに切り、端にセロハンテープを細長く巻きます。

❸ リボンの端を50cm残し、毛糸の糸端と結びます。

❹ リボンで縫い合わせます。（P.10参照）

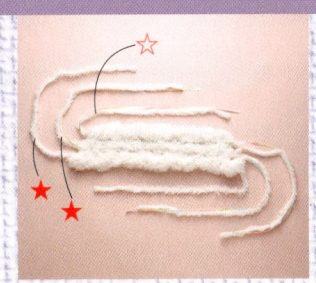

❺ 同じように45cmのものも、中心を揃えて、縫い合わせます。

❻ ★同士の糸端を結びます。

❼ ☆の糸端とも結びます。

3 三つあみします。

❶ 糸端を3つに分け、三つあみします。（P.39参照）

❷ 最後は結び、同じ長さに切ります。（反対側も同じ）

できあがり!!

27

ゆびあみを縫い合わせて、帽子をつくりましょう！
ボーダーの色選びも楽しみましょう！

かぶるとねこの耳のように
角が立ちます。

材料

・並太毛糸
　（紺）‥‥‥‥‥‥‥‥‥45g
　（白）‥‥‥‥‥‥‥‥‥35g

実物大

1 編みます。

① ゆびあみ（P.7-9参照）で50cmの紺を4本、白を3本編みます。

③ ①②を繰り返し、7本縫い合わせます。

③ 紺の別糸にセロハンテープを巻き、縫い合わせます。

2 縫い合わせます。

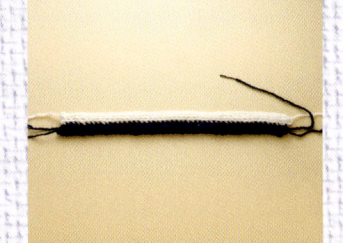

① 紺の別糸にセロハンテープを巻き、白と紺を縫います。（P.10参照）

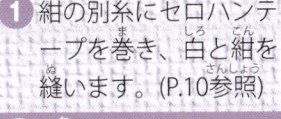

② 白の別糸にセロハンテープを巻き、①と編んだ紺を縫います。

3 輪にします。

① 2つに折り、糸端同士を結びます。

② 糸端をセロハンテープで巻き、糸端を始末します。

4 上をとじます。

① 同じ糸で、上も縫い合わせ、糸端を始末します。

② 表に返します。

つなぐ糸の色を交互にすることで、ボーダーの太さが同じに見えるよ！

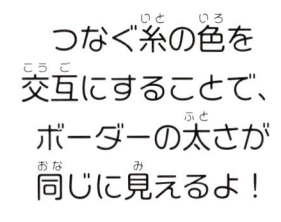

できあがり!!

いろいろ作ってみよう！

花のガーランド

春にお部屋を飾るガーランドを作りましょう！
ゆびあみと2本あみで、大きさの違う花を作ります！

お花は紐の好きな位置に
動かすことができます。

材　料

・並太毛糸

（ピンク・黄・水色）
…各6g

（赤・オレンジ・青・黄緑）
…各3g

実物大

1 大きい花を作ります。

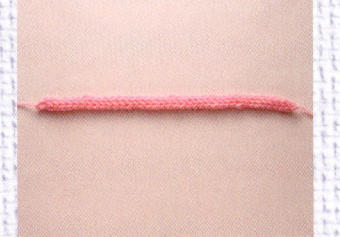

① ゆびあみ（P.7-9参照）
で、40cm編みます。

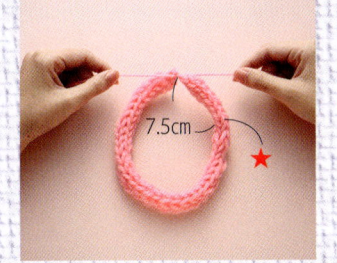

② 糸端を2回結びます。

③ 結び目から7.5cmのとこ
ろ（★）を片方の糸端で2
回巻きます。

④ 5回繰り返し、糸端を
2回結び、糸始末します。

2 小さい花を作ります。

⑤ 大きい花ができました。

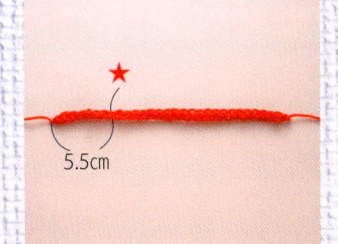

① 2本編み（P.13参照）
で、30cm編みます。

② 大きい花と同じように作
ります。小さい花は5.5cm
のところ（★）で巻きます。

③ 各サイズ3つずつ、好
きな色で作ります。

3 紐を作り花を通します。

① 毛糸6本をまとめてひ
と結びして、三つあみ
します。（P.39参照）

② 編み終わりもひとつ結
びし、1mの紐を作り
ます。

③ 花の裏の編み目に紐を
通します。全ての花を
通します。

できあがり!!

いろいろ作ってみよう！
小さなベア

ゆびあみを結んだり、通したりして、小さなベアを作りましょう！
編み地が目立たない、毛足の長い毛糸がおすすめです。

極太毛糸をちょうちょ結びして
かわいくしましょう！

材料

- 並太毛糸
  （茶） ···················· 25 g
- 超極太毛糸
  （白） ···················· 30cm

実物大

1 編みます。

❶ ゆびあみ（P.7-9参照）で1.2m編みます。

2 顔を作ります。

15cm

❶ 2つに折り、輪から15cmのところを別糸で2回結びます。

❷ ★の部分を、結び目の近くに持ってきます。

4 cm

❸ 結び目から4cmのところを別糸で2回結び、耳を作ります。

❹ 糸始末をします。

❺ 下の2本を結び目のところで後ろに折り上げ、耳を左右に広げます。

❻ 上の2本を耳と耳の間を通り、後ろ側に折り下げます。

❼ ❻の右側の端を持ちます。

❽ 左の穴（♥）に通します。

❾ 引っ張ります。

❿ 左側の端も同じように右の穴に通し引っ張ります。

⓫ 表面です。

33

⑫ 左側の端を持ちます。

⑬ 同じところ(♥)に通します。

⑭ 引っ張ります。

⑮ 右側の端も同じところに通し引っ張ります。

3 からだを作ります。

⑯ 表に返し、形を整えます。

⑰ 顔ができました。

① 下の2本を顔の下で結びます。

② ちょうちょ結びをして、手を作ります。

③ ちょうちょ結びの下を結びます。

④ ちょうちょ結びをして、足を作ります。

⑤ 裏返して、結びます。

⑥ 余った部分を、お腹に巻き付けます。

⑦ 糸端どうしを結び、糸始末をします。

⑧ 形を整えます。

⑨ 白い毛糸（30cm）を首に巻き、ちょうちょ結びをします。

できあがり!!

34

❶ ゆびあみ（P.7-9参照）で1.2mを4本編みます。
❷ 4本を縫い合わせます。
❸ 両端にフリンジを付けます。

フリンジの付け方

❶ 12cmの型紙に70回巻き、巻き始めと終わりがある方を切ります。

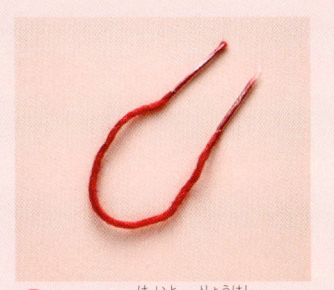

❷ 20cmの毛糸の両端にセロハンテープを巻き、糸通しを作ります。

❸ 糸通しに、❶の毛糸を5本かけます。

❹ マフラーの端に、通します。

❺ 糸通しを外し、輪の後ろから親指とひとさし指を入れます。

❻ 毛糸をつまみます。

❼ つまんだものを輪から引き出します。

❽ 片側に7束フリンジを付け、10cmの長さに切り揃えます。

❶ 平あみ（P.17参照）で40cmを3本編みます。
❷ 3本をクロスステッチで縫い合わせ、2つに折り、左右をクロスステッチで縫い合わせます。
❸ 三つあみ（P.39）をして1mの紐を作り、❷の左右に縫い付けます。

クロスステッチのやり方

❶ 平あみの縫い合わせ方と同じようにかがります。（P.21参照）

❷ 最後まで縫います。

❸ 真横に目をすくいます。

❹ 糸を引き、次の目を真横にすくいます。繰り返します。

長く編んだゆびあみを使って作るミニバッグ！
段ボールを使えば、簡単にできます！

細い毛糸は2本合わせて、
ゆびあみをします。

ミニバッグ
の
作り方

材料

・並太毛糸
　（青）‥‥‥‥‥‥‥‥‥‥‥80g
・段ボール
　‥‥‥‥‥‥‥‥‥‥15cm×20cm

実物大

1 編みます。

① 毛糸を2本合わせ、ゆびあみ（P.7-9参照）で7.5m編みます。

2 段ボールを使って編みます。

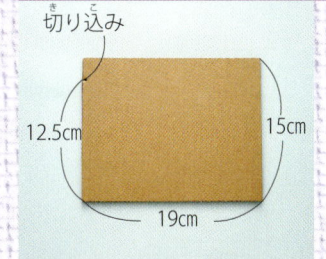

切り込み

12.5cm　15cm　19cm

① 段ボールを切ります。左上に切り込みを入れます。

② 切り込みに、1の糸端をはさみます。

③ 1を、横向きに巻きます。

④ 右下の角まで巻きます。

⑤ 編み端を③の巻いたところに、下・上と交互に通します。

⑥ 上に引っ張ります。

⑦ 上まで編んだら折り返し、下まで交互に通し引っ張ります。

⑧ 下まで編んだら裏返して、上まで交互に通し引っ張ります。

⑨ 繰り返し編みます。

上側はバッグの入れ口に、下側は底になるよ！

3 長さを調整します。

切り込みのある、左上(♥)に編み端がくるように調整します。

① 必要な長さを確かめます。

② 必要な長さの少し上の毛糸を切ります。

③ 編み地が崩れないように優しくほどきます。

④ 2本に別れるまでほどきます。

⑤ 隣の輪(★)に糸端を通します。

⑥ 繰り返し、4つの輪に糸を通します。

⑦ 糸端を引っ張ります。

4 仕上げをします。

① 最後まで編みます。

② 段ボールを抜きます。

段ボールの大きさを変えるだけで違う大きさのバッグが作れるよ!

③ 近くの編み地に結び、糸始末をします。

④ 前後の横に渡っている●の部分を引っ張り、持ち手を作ります。

できあがり!!

実物大の型紙
(じつぶつだい) (かたがみ)

P.15の型紙
(かたがみ)

P.12の型紙
(かたがみ)

2本編みで、70cmに編んだものを、
(ほん あ)
花びらの根元から貼っていきます。
(はな) (ね もと) (は)

三つあみのやり方
(み) (かた)

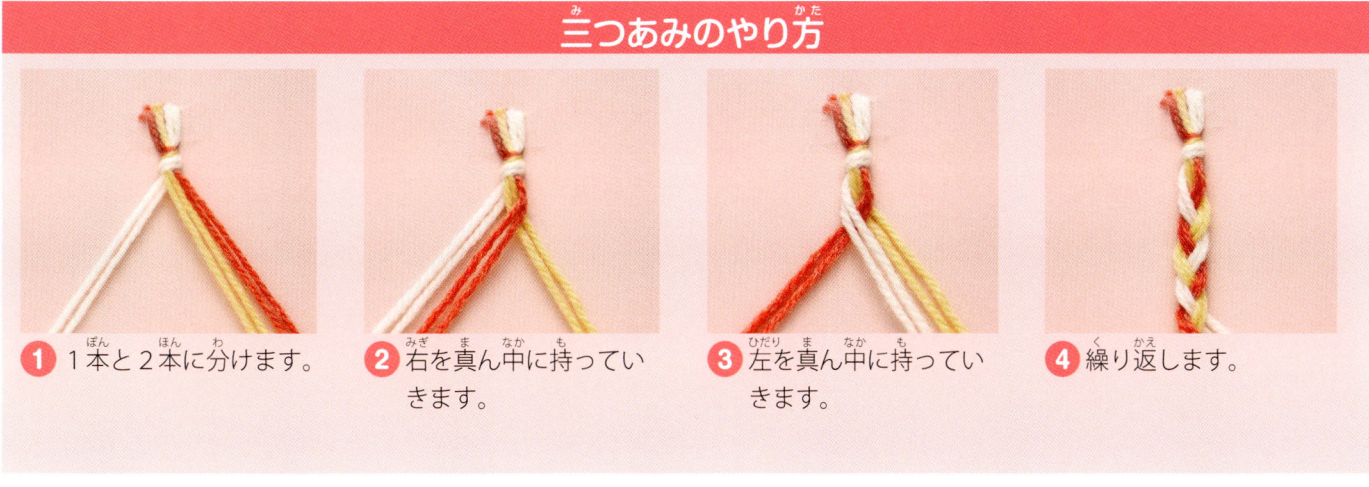

❶ 1本と2本に分けます。
(ぽん) (ほん) (わ)

❷ 右を真ん中に持っていきます。
(みぎ) (ま) (なか) (も)

❸ 左を真ん中に持っていきます。
(ひだり) (ま) (なか) (も)

❹ 繰り返します。
(く) (かえ)

著者
寺西 恵里子　ERIKO TERANISHI

(株)サンリオに勤務し、子ども向けの商品の企画デザインを担当。退社後も"HAPPINESS FOR KIDS"を
テーマに手芸、料理、工作を中心に手作りのある生活を幅広くプロデュース。その創作活動の場は、
実用書、女性誌、子ども雑誌、テレビと多方面に広がり、手作りを提案する著作物は700冊を超える。

寺西恵里子の本

『おりがみであそぼ！』（新日本出版社）
『メルちゃんのきせかえお洋服＆こもの』（日東書院）
『サンリオキャラクターズのフェルトマスコット＆リース』（日本ヴォーグ社）
『基本がいちばんよくわかる刺しゅうのれんしゅう帳』（主婦の友社）
『とびきりかわいく作れる！私だけの推しぬいぐるみ＆もちぬい』（主婦と生活社）
『刺しゅうで楽しむ スヌーピー＆フレンズ』（デアゴスティーニ・ジャパン）
『楽しい折り紙203』（ブティック社）
『0・1・2歳のあそびと環境』（フレーベル館）
『ひとりでできるアイデアいっぱい貯金箱工作』（汐文社）
『身近なもので作るハンドメイドレク』（朝日新聞出版）
『0〜5歳児 発表会コスチューム 155』（ひかりのくに）
『30分でできる! かわいいうで編み＆ゆび編み』（PHP研究所）
『3歳からのお手伝い』（河出書房新社）
『作りたい使いたいエコクラフトのかごと小物』（西東社）
『365日子どもが夢中になるあそび』（祥伝社）

スタッフ　STAFF

撮　　　影	奥谷 仁　渡邊 峻生
デ ザ イ ン	NEXUS Design
イ ラ ス ト	高木 あつこ
作 品 制 作	岩瀬 映瑠　やべりえ
作り方まとめ	岩瀬 映瑠
校　　　閲	大島 ちとせ

はじめてのゆびあみ＆リリアンあみ

たのしいゆびあみ

2025年2月25日　初　版

NDC594 40P 26×22cm

著　　者	寺西 恵里子
編　　集	有限会社 ピンクパールプランニング
発 行 者	角田 真己
発 行 所	株式会社 新日本出版社
	〒151-0051　東京都渋谷区千駄ヶ谷4-25-6
	営業 03(3423)8402　編集 03(3423)9323
	info@shinnihon-net.co.jp
	www.shinnihon-net.co.jp
振　　替	00130-0-13681
印　　刷	文化堂印刷
製　　本	東京美術紙工